MÉTHODE DE LECTURE.

N° 10.

AUTRES SIGNES ÉQUIVALENTS ET LETTRES NULLES.[1]

Les lettres rouges ne se lisent pas.

er	se prononce é	à la fin des mots	por ti*er*.
ez	— é	—	ne*z*.
en	— in	dans un grand nombre de mots	li*en*.
e	— a	dans quelques mots	fe*m*me.
x	— s	—	soi*x*an tiè me.
x	— z	—	deu *x*iè me.
u	— o ou —		fo r*um*, é *qua* teur.
w	— ou	—	*W*a gram.
e	— è	dans	l*es*, d*es*, *est*, m*es*, t*es*, s*es*.

Lettres nulles à la fin des mots.

L'ajonc fleurit, le criminel fut conduit à l'échafaud, le cours du fleuve, Jules a mal au doigt, les canards volent sur l'étang, le loup sort du bois et dévore la brebis, il a reçu un coup de poing dans le flanc, le renard a fait un bond en avant, pen se sou vent à la mort, le cheval a pris le mors aux dents, le rat mange la noix.

ô ter   li*en*   fe*m*me   alb*um*
ti rer   bi*en*   so le*n*nel   mini*um*
o ser   chi*en*   soi*x*ante   mu séum
pli *er*   sou ti*en*   Bru*x*elles   ma xi*mum*
ai m*ez*   Ju li*en*   Au *x*e rre   mi ni*mum*
na g*ez*   ven dé*en*   deu *x*iè me   lau da*num*
ar m*ez*   exa m*en*   di *x*iè me   a qua ti le
por t*ez*   eu ro pé*en*   si *x*iè me   qua tuor

Un banc de sapin, le camp de nos adversaires, un champ de riz, un avis salutaire, un expédient ingénieux, le temps de l'Avent, un gros bourg, un bon choix, l'étendard de la croix, un mauvais fils, douze francs, l'avocat intègre, le bord de son vêtement, du vin doux, le fond du vase, des cheveux blonds.

Une plante aquatique, la solennité de la Pentecôte, la ville de Bruxelles, un entretien utile, une femme vertueuse, un nombre quadruple, suivez la route du Dauphiné, le caractère vendéen, aimez Dieu ardemment, le deuxième jour de janvier, admire le lever et le coucher du soleil, une femme laborieuse est le soutien de sa famille.

La nuit étend son voile, un grand rond, le galop du cheval, un nœud de ruban, un nid de pinson, le pont d'Orléans, un pot de lait, un refus formel, un laid garçon, ton pouls bat trop fort, un puits profond, le parvis du temple, vendre à juste poids, les maîtres enseignent, surveillent, observent, décident, les élèves étudient, récitent, lisent, écrivent, chantent, font des devoirs.

(1) Comme on l'a dit, la syllabe la plus composée, en apparence, ne peut jamais renfermer que deux éléments : le *son* et l'*articulation*; tout ce qu'il y a de plus est absolument nul dans la prononciation, il faut le faire remarquer à l'élève, en lui faisant décomposer plusieurs syllabes contenant des lettres nulles. Par exemple, les syllabes suivantes se décomposent ainsi : r i*z*, f on*d*, d oig*t*.

MÉTHODE DE LECTURE.

N° 11.

LETTRES NULLES AU COMMENCEMENT, DANS LE CORPS DES MOTS OU A LA FIN.

(Toutes les fois que dans un mot, deux consonnes semblables se trouvent réunies, la première ne se lit pas.)

H (1) (ache).

Un arbre touffu, le mois d'août, le jour du Sabbat, un fameux rabbin, une somme de vingt francs, un habit commode, la colonne de marbre, la ville de Laon, une fortune colossale, la colline verdoyante, une motte de terre, être accablé de malheur, accroître son patrimoine, la bulle du Pape, un morceau de pain, l'empreinte du cachet, une douleur feinte, boire un verre d'eau, l'aigle s'élève à des hauteurs prodigieuses, l'hirondelle vole avec rapidité.

Saint Bernard était abbé de Clairvaux, le mal s'aggrave, la flamme monte, la fauvette nous charme, le lierre s'attache au mur qui lui sert d'appui, l'hectogramme vaut cent grammes, ne différe jamais d'accomplir une bonne action, le paon s'admire, la reconnaissance trouve toujours écho dans un cœur bien né.

La Saône joint le Rhône à Lyon, l'homme cherche le bonheur, le malheureux à une voix suppliante, l'honneur passe avant l'intérêt, la faim fait sortir le loup du bois, Zoé a eu la fièvre, le peintre achève son tableau, Julie a fait un accroc à sa robe, le malade se plaint, le méchant craint la mort, les hommes sont faits à l'image de Dieu, les moineaux habitent sous nos toits.

FRAGILITÉ DE LA VIE.

Les hommes passent comme les fleurs qui s'épanouissent le matin et qui le soir sont flétries. Vous-mêmes, chers enfants, vous-mêmes qui jouissez maintenant d'une jeunesse si vive et si féconde en plaisirs, souvenez-vous que ce bel âge n'est qu'une fleur, qui sera presque aussitôt séchée qu'éclose ! Vous vous verrez changer insensiblement : les grâces riantes, les doux plaisirs, la force, la santé, la joie, s'évanouiront comme un beau songe; il ne vous en restera qu'un triste souvenir; la vieillesse viendra rider votre visage, courber votre corps, affaiblir vos membres, faire tarir dans vos cœurs la source de la joie, vous dégoûter du présent, vous faire craindre l'avenir, vous rendre insensibles à tout, excepté à la douleur.

Ce temps vous paraît éloigné. Hélas ! vous vous trompez, il se hâte, le voilà qui arrive; ce qui vient avec tant de rapidité n'est pas loin de nous, et le présent qui s'enfuit est déjà loin. Ne comptez donc jamais sur le présent; mais soutenez-vous dans le rude sentier de la vertu par la vue de l'avenir. Préparez-vous, par des mœurs pures et par l'amour de la justice, une place dans l'heureux séjour de la paix.

---

(1) Dire aux élèves que cette lettre s'appelle *ache* et qu'elle est, ou tout-à-fait nulle, ou aspirée. Leur faire comprendre ce que signifie ce mot aspirée, en prononçant un mot où *h* s'aspire, par exemple, *la haine*.

MÉTHODE DE LECTURE.

N° 12.

LECTURE COURANTE.

UNE BONNE RÉSOLUTION.

Lisa était une petite fille de votre âge, mes enfants; elle allait à l'école comme vous, mais elle n'apprenait rien. Les bonnes Sœurs en étaient désolées et se voyaient obligées de la punir souvent.

Pourquoi Lisa n'apprenait-elle pas? Vous le savez, c'est qu'elle ne le voulait pas. Lorsque les élèves à genoux faisaient la prière, Lisa ne priait pas. Quoiqu'elle eût une belle voix, elle ne chantait pas non plus le cantique à la bonne Vierge; ou si elle chantait, elle ne pensait point à sa Mère du ciel. A quoi pensait-elle? Au jeu.

Pendant la leçon, Lisa se dissipait et cherchait à dissiper ses compagnes. Quand venait le moment du catéchisme ou du calcul, les élèves attentives répondaient bien; mais Lisa, toujours prête à babiller mal à propos, avait alors la bouche close; elle se cachait le visage dans ses mains ou se couchait sur la table. Voulait-on la faire écrire, elle trempait ses doigts dans l'encre, en répandait sur ses habits et barbouillait sa page.

Une telle conduite était déplorable, n'est-ce pas? Oui, bien déplorable, et je suis sûre, qu'en ce moment, chacune de vous se dit : Je ne voudrais pas ressembler à Lisa. Vous avez raison. Eh bien! écoutez la fin de mon histoire.

La maîtresse annonça qu'elle allait donner des récompenses. En effet, chacune des petites filles sages et attentives reçut une belle gravure. Vous le devinez bien, Lisa s'en alla les mains vides; mais ce que vous ne devinez peut-être pas, c'est que ce jour-là, elle eut honte d'elle-même, et cette honte lui fut salutaire.

Il lui vint une bonne pensée : Mes compagnes sont plus heureuses que moi, se dit-elle. C'est fini, désormais je veux être sage, obéissante et studieuse; et en disant cela, elle demandait à la sainte Vierge et à son bon ange de venir à son secours.

Lisa rentra donc chez elle un peu triste; mais pourtant consolée par la bonne résolution qu'elle avait prise. Le bon Dieu est si bon! Toujours il nous envoie la joie quand nous nous déterminons sincèrement à faire le bien.

Le lendemain Lisa revint à l'école, récita pieusement sa prière, et étudia sans tourner la tête. La leçon fut bien lue ce jour-là et les autres devoirs bien accomplis. A partir de ce moment, il en fut toujours de même, si bien qu'à la première distribution de récompenses, Lisa avait la plus belle. Elle était joyeuse alors.

Souvenez-vous-en bien, mes enfants, l'homme ne peut être heureux qu'en accomplissant ses devoirs, c'est-à-dire en faisant la volonté de Dieu.

Angers, imp. Lainé frères. — 5-68

N° 1.

MÉTHODE DE LECTURE.

(en douze tableaux)

A L'USAGE DES SŒURS DE LA CHARITÉ DU SACRÉ-CŒUR DE JÉSUS.

1re PARTIE. — Orthographe régulière.

Sons simples formés d'une ou deux lettres.

a	e	é	è	i	o
A	E	É	È	I	O

u	â	ê	î	ô	û

ou	an	in	on	un

a	o	e	u	è	i
è	ou	â	on	î	
un	ê	in	û	ou	

Articulations simples formées d'une ou deux lettres.

be	pe	de	te	ve	fe
b	p	d	t	v	f
B	P	D	T	V	F

gue	que	ze	se	je	le
g	c	z	s	j	l
G	C	Z	S	J	L

me	ne	re	che	gne	lieu
m	n	r	ch	gn	ill
M	N	R			

RÉCAPITULATION.

e c a b é f è j g
ch o l m u n r s i
ill p v t z â ê gn d

SONS ARTICULÉS.

ab	ac	ad	af	al
ar	as	ib	ic	id
if	il	ir	is	ob

oc	od	of	ol	or	os
ub	uc	ud	uf	ul	ur
us	ouc	ouf	our		

Angers, imp. Lainé frères. 6-68.

MÉTHODE DE LECTURE.

N° 2.

RÉUNION DES ARTICULATIONS ET DES SONS.

SYLLABES.

ba	bé	bè	bi	bo	bu	ban
da	de	dé	dè	di	do	du	dan
ja	je	jé	jè	ji	jo	ju	jou
va	ve	vé	vè	vi	vo	vu	vin
ga	»	»	»	»	go	gu	gan
la	le	lé	lè	li	lo	lu	lun
cha	che	ché	chè	chi	cho	chu	chou
gna	gne	gné	gnè	gni	gno	gnu	gnon
illa	ille	illé	illè	illi	illo	illu	illin

pa	pe	pé	pè	pi	po	pu	pou
ca	»	»	»	»	co	cu	cou
ma	me	mé	mè	mi	mo	mu	min
ta	te	té	tè	ti	to	tu	tun
na	ne	né	nè	ni	no	nu	nan
sa	se	sé	sè	si	so	su	san
ra	re	ré	rè	ri	ro	ru	ron
cha	che	ché	chè	chi	cho	chu	chou	chan
gna	gne	gné	gnè	gni	gno	gnu	gnou
illa	ille	illé	illè	illi	illo	illu	illin

SYLLABES
formées d'une articulation et d'un son articulé.

bac	bar	bil	bouc	bir	bur
dac	dar	gol	gar	dil	dir
dor	lac	dur	vac	lar	vil
vol	lir	lor	tour	mac	mol
tor	par	tir	soc	sac	jouc
làc	bar	gol	dor	bac	bouc
bur	vol	soc	dir	mol	tor

MOTS.

papa	azur	carpe	joujou	légume
fade	mère	décor	bonbon	ordure
pipe	urne	calme	journal	dorure
rude	canal	bèche	détour	sardine
pire	canif	borne	borgne	binoche
zéro	biche	jupon	zigzag	bataille
bobo	corde	bijou	gourde	mirliton
lune	ulve	canon	bourdon	carnaval
sapin	arme	route	maman	bataillon
rival	rame	jardin	tartine	cornichon

ami	joujou	borgne	domino	binoche
café	bèche	bobine	tartine	arbalète
fade	route	bonbon	sardine	bourdon
papa	porte	détour	chemin	marmite
lune	décor	jupon	maman	manchon
pipe	partir	canon	journal	vacarme
robe	rival	savate	étourdi	cardinal
larme	rame	caillou	armure	mirliton
poche	carpe	salade	fourche	madame
borne	biche	carmin	mouillé	carnaval
urne	canif	gourde	charbon	charlatan
rude	bande	fouille	fortune	bataillon
zéro	cheval	parole	manchon	cornichon
orbe	jardin	dorure	amiral	demande
ulve	sapin	vipère	canapé	parchemin
mère	arme	galère	légume	panorama
canal	corde	zigzag	ridicule	marmelade

N° 3.

MÉTHODE DE LECTURE.

PETITES PHRASES.

Mon chaton a dormi sur mon dodo, on garde un dindon rôti pour le dîné, René sera puni, le moulin tourne vite, gare à Médor, s'il avale ma tartine, une loche a couru sur mon joli gazon, maman me dira un conte, Adèle ira à l'école, papa lira son journal, ma tante m'achètera un joli domino, mimi a mordu ma sardine, le cheval galope sur la route, Armande va dormir, Emile chantera une chanson, papa me fera lire lundi.

On garde un dindon rôti pour le dîné, ma camarade a tenu sa parole, gare à Médor s'il avale ma tartine, maman me dira un conte, le cheval galope sur la route, mon chaton a dormi sur mon joli dodo, papa lira son journal, mimi a mordu ma sardine, mon réséda a été volé, Adèle ira à l'école, le moulin tourne vite, l'étourdi a égaré son carton, ma tante m'achètera un joli domino.

La petite Nanine fera une couture, le mouton a bêlé, Adeline a déchiré la poche de ma robe, le coucou chantera, on a lavé la porte du salon, la cavale légère bondira, une vipère a mordu Jérôme, papa a tordu le cou à ma poule, Firmin pêche à la ligne, on a tiré le canon pour la fête, Léontine a jeté sa pelote à la tête d'Irma, on va la punir, évite la colère, je m'écarte de la foule, l'étourdi a égaré son carton, la mouche vole.

Adeline a déchiré la poche de ma robe, on garde un dindon rôti pour le dîné, le vigneron cultive sa vigne, ma camarade a tenu sa parole, la vache a la marche lourde, gare à Médor s'il avale ma tartine.

On a bâti une cabane solide, maman me dira un conte, la pêche mûrira, le cheval galope sur la route, j'évite le tumulte, la petite méchante ira à la porte, Sara danse sur la corde, mon chaton a dormi sur mon joli dodo, l'orme de mon jardin a revêtu sa parure, la caille chante.

MÉTHODE DE LECTURE.

N° 4.

ARTICULATIONS ET SONS COMPOSÉS.

SONS COMPOSÉS.						ARTICULATIONS COMPOSÉES.							
ia	ié	iè	io	ui	ian	bl	br	cl	cr	fl	fr	gl	pl	pr	dr
ion	oi	oui	oin	iou	ua	vr	st	sc	scr	sp	spl	ps	gr	x

bia	bié	biè	bio	bui	bion	bla	sca	scru	cla	bran	flan
dia	doi	diè	dio	dui	doui	dra	dre	xi	glu	splin	brin
via	vié	vio	voi	vion	vian	fla	flé	spi	plu	glon	plan
fia	fui	foi	fiè	foui	foin	pra	pré	fri	pro	grou	prou
pia	pié	piè	pio	pui	poin	sta	psi	psu	xe	gloi	froi
sia	sié	sui	sion	soi	soin	tra	tro	scro	bri	brui	trou
tia	tié	tiè	tui	toui	tion	vra	vri	clu	glo	frui	bloui

bia	bié	biè	bio	bui	bion	bla	sca	scru	cla	bran	flan
dia	doi	diè	dio	dui	doui	dra	dre	xi	glu	splin	brin
via	vié	vio	voi	vion	vian	fla	flé	spi	plu	glon	plan
fia	fui	foi	fiè	foui	foiv	pra	pré	fri	pro	grou	prou
pia	pié	piè	pio	pui	poin	sta	psi	psu	xe	gloi	froi
sia	sié	sui	sion	soi	soin	tra	tro	scro	bri	brui	trou
tia	tié	tiè	tui	toui	tion	vra	vri	clu	glo	frui	bloui

é tui	sui te	rua de	pia no	foui ne	frè re	bri de	su cre	gloi re	bran che
loin	jui ve	biè re	moi tié	join tu re	fa ble	li bre	flè che	gran de	froi du re
lion	fio le	tia re	pié ton	sou piè re	ju ste	stè re	trou pe	grou pe	dé tru ire

étui	suite	ruade	piano	fouine	frère	bride	sucre	gloire	branche
loin	juive	bière	moitié	jointure	fable	libre	flèche	grande	froidure
lion	fiole	tiare	piéton	soupière	juste	stère	troupe	groupe	détruire

MÉTHODE DE LECTURE

N° 5.

PETITES PHRASES.

Le lion a la démarche fière, le fripon se cache, on le découvrira, on a semé du trèfle, la malade a la fièvre, la clématite décore le mur du jardin, Antoine a pêché une grenouille, le marin mania l'aviron, mon frère a retrouvé son écritoire, la discorde ruine la charité, une maxime utile.

Épargne une larme à ta mère, on pavera la grande cour du monastère, Victorine écrira une épître à son frère, le sol se couvre d'une riche parure, Adèle sera régulière à venir à l'école, Émile conduira la voiture, il la ramènera lui-même, je brode un mouchoir de poche, une rixe a éclaté.

Je porte de la viande à la malade, l'étoile du matin se lève, le pélerin porte un costume noir ou brun, le lion a la démarche fière, la discorde ruine la charité, on a semé du trèfle, la malade a la fièvre, mon frère a retrouvé son écritoire, Antoine a pêché une grenouille.

Le sol se couvre d'une riche parure, épargne une larme à ta mère, Caroline a une santé frêle, délicate, on pavera la grande cour du monastère, je brode un mouchoir de poche, Victorine écrira une épître à son frère, le fanfaron se vante, le malade demande du bouillon.

L'ingratitude révolte une âme noble, le lion a la démarche fière, je porte de la viande à la malade, le marin mania l'aviron, l'étoile du matin se lève, Antoine a pêché une grenouille, le pélerin porte un costume noir ou brun, son activité lui a valu une fortune, la discorde ruine la charité, Victoire ignore sa route, Ursule va la conduire.

Emile conduira la voiture, il la ramènera lui-même, le malade demande du bouillon, épargne une larme à ta mère, Adèle sera régulière à venir à l'école, on a coupé une branche de mon romarin, Caroline a une santé frêle, délicate, Nicole lira le chapitre douzième de son livre, on pavera la grande cour du monastère, Martine a la figure malpropre.

MÉTHODE DE LECTURE.

N° 6.

PETITES PHRASES.

La cloche tinte, la chèvre broute, la grive vole, Gustave a grandi, la rivière coule, l'arbre s'incline, la dame brode, le cochon grogne, prête-moi ta plume, le lion secoua sa crinière, garde la loi divine, la mouche monte à la vitre, Léon fera-t-il la charité? Oui, le pape porte la tiare.

Le lion secoua sa crinière, la cloche tinte, le cochon grogne, la rivière coule, la mouche monte à la vitre, la chèvre broute, prête-moi ta plume, la grive vole, garde la loi divine, Gustave a grandi, le pape porte la tiare, la dame brode, la plante s'étiole, relève ta chevelure blonde, Léon fera-t-il la charité? Oui.

Le pinson chante sur la branche, il a bu du ratafia, la pitié console, on criblera le blé, Maximin a une tache de suif sur sa manche, mon oncle a retrouvé sa tabatière d'or, son indiscrète parole le fera punir, mon papa se livre à l'agriculture, Justine m'a volé ma boucle de ruban.

Il a bu du ratafia, la pitié console, le pinson chante sur la branche, Justine m'a volé ma boucle de ruban, on criblera le blé, mon papa se livre à l'agriculture, Maximin a une tache de suif sur sa manche, son indiscrète parole le fera punir, mon oncle a retrouvé sa tabatière d'or, maman a conclu un marché, le glouton a volé du sucre, l'ivrogne a dormi sur le chemin.

Le bloc de marbre a été travaillé, on a dépouillé le scrutin, le poltron a fui, la charmante Nina touche le piano, Blanche a un costume ridicule, André retourne à l'école, l'apôtre prêche la foi, la fouine a tué ma poule, madame demande son écrin, la soif le dévore, notre père a été malade.

La rivière déborde, le tigre a dévoré sa victime, le Pontife a ôté sa mitre, le piéton trouve la route pénible, l'ouragan soulève le sable, le monde a été créé, il finira, le crime a été puni, la colère du roi éclate, l'été sera favorable à la récolte, un animal farouche a franchi la muraille, le zèbre a la taille élégante, l'infortuné a couché sur le foin.

MÉTHODE DE LECTURE.

N° 7.

2ᵉ PARTIE. — Orthographe irrégulière.

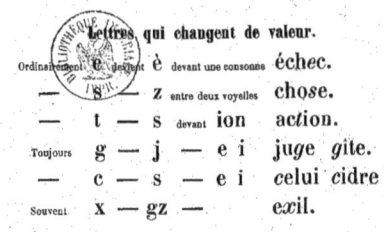

Lettres qui changent de valeur.				
Ordinairement c devient	ê devant une consonne		échec.	
— s — z entre deux voyelles			chose.	
— t — s devant ion			action.	
Toujours g — j — e i			juge gîte.	
— c — s — e i			celui cidre	
Souvent x — gz —			exil.	

replet	amer	vertu	actuel	ciel
blouse	rose	rasoir	Louise	alose
fiction	nation	lotion	notion	ration
grange	agir	gène	girafe	gémir
Cécile	cela	cime	cerise	cicatrice
exalte	exigu	exige	exorde	examine

PHRASES.

L'étourdi a acheté un citron pour une orange, l'Eternel a créé le monde, il le conserve et le gouverne à son gré, le prince a exilé ton père, voilà un procédé étrange, l'Evangile sera prêché sur toute la surface du globe, on examinera avec soin son ouvrage, le criminel sera exécuté sur la place, la rose parfume, l'Eglise subsistera malgré la persécution, Angèle a une constitution débile, écoute la douce parole de ton bon ange.

On a pêché une alose d'une grande taille, le coupable sera exilé, l'étourdi a acheté un citron pour une orange, écoute la douce parole de ton bon ange, l'Eternel a créé le monde, il le conserve et le gouverne à son gré, Angèle a une constitution débile, la cerise rougira.

La miséricorde divine s'exerce sur le monde, l'amour national anime son courage, le lièvre retourne à son gîte, la parole du Juge suprême sera infaillible, la Vierge divine me couvre de son amour maternel.

Le ver mange la racine de la plante, la miséricorde divine s'exerce sur le monde, on punira la petite indocile, l'amour national anime son courage, l'élève sage recevra une récompense pour gage de ma satisfaction, le lièvre retourne à son gîte, le sage méprise la vanité de ce monde pour courir à la recherche de la vertu, la parole du Juge suprême sera infaillible, le général a signalé son courage à la prise de la cité, la Vierge divine me couvre de son amour maternel, Louise récitera la prière du diocèse.

MÉTHODE DE LECTURE.

N° 8.

SONS ET ARTICULATIONS

Exprimés par de nouveaux signes.

eu et ses équivalents *œ, œu.*

jeu	œuf	œuvre	douceur
peu	vœu	creuse	pasteur
feu	bœuf	demeure	douleur
aveu	cœur	œillade	couleur
neveu	sœur	œilleton	chanteur
jeune	peur	couleuvre	mineur
fleuve	fleur	manœuvre	pêcheur
peuple	œillet	chanteuse	laboureur

S s'écrit aussi par	ç	façon.
f —	ph	phosphore.
c —	k qu	alkali, quatre.
i —	y	système.
y entre deux voyelles vaut	ii	noyade (noiiade).

garçon	leçon	façon	aperçu	façade
phase	phare	phénix	sphère	Joseph
kino	quête	brique	kilo	kali
myrte	jury	tyran	loyal	voyage

Le fleuve a débordé, le feu brûle, Victorine a troublé le jeu, le bon Dieu a béni son peuple, ma sœur mangera un œuf, mon frère a partagé son déjeûné avec un aveugle, l'œillet parfume, mon réséda a fleuri, garde ton cœur pur, j'admire le ciel bleu, ma mère a pleuré de douleur, la fleur se flétrira, son vœu l'oblige à partir pour Rome.

Le bon pasteur a prêché son peuple, soulage ton frère, ce sera une œuvre agréable à Dieu, j'admire le ciel bleu, une couleuvre a traversé le jardin, le pêcheur dormira sur la grève, le laboureur récolte son blé, le bœuf retourne à l'étable, un désœuvré resta sur la place, le bon Dieu a l'œil fixé sur toi, le pêcheur se creuse un abîme, le fleuve débordera, amène ta sœur à l'école, le voleur a été mené à la prison.

On a coupé une branche de myrte, la fleur ne dure qu'un jour, le malade traverse une phase critique, le mystère sera dévoilé, le marin dirige son navire à la clarté du phare, le voyageur a parcouru un kilomètre, prête-moi ton poinçon, l'animal féroce s'élança sur sa victime et la dévora, une comète a paru, on a regardé et admiré ce phénomène, Ursule lira une phrase toute seule.

Pharaon persécuta le peuple de Dieu, le manœuvre a mal servi le maçon, il sera congédié, l'élève écoute une leçon de physique, le noyé a été retrouvé, Babylone a été détruite, prête-moi ton poinçon, Dieu protége la veuve et l'orphelin, l'animal féroce s'élança sur sa victime et la dévora, une comète a paru, on a regardé et admiré ce phénomène, on a coupé une branche de myrte.

MÉTHODE DE LECTURE.

N° 9.

(Suite du tableau précédent.)

	s'écrit aussi par	
è	ai	plai re, rei ne.
ô	— au	fau te.
an	— en, am, em	len te, jam be, em pire.
in	— im	tim bre.
on	— om	om bre.
ill	— il, ll, l	ma il, fi lle, mi l.

ai gre	pei ne	plai ne	pei gne	fai re
au be	jau ne	mau ve	tau pe	pau vre
men tir	am ple	em ploi	tren te	am bre
im pur	im bu	sim ple	im pair	im po li
som bre	tom be	bom be	nom bre	pom pe
tra vail	si llon	vri lle	ba bil	a vril

PHRASES.

Le vieil ar bre a é té cou pé. La rei ne sou la ge le pau vre. On a creu sé u ne tom be. Le pa pi llon vol ti ge. L'em pi re de la ver tu l'em por te sur ce lui du vi ce. La cu ri eu se se ren dra im por tu ne. On a bri sé l'im po ste. L'a bei lle pom pe le suc de la fleur. Le bail de no tre fer me fi ni ra le quatre a vril. La re li gieu se exer ce la cha ri té. Le men son ge dé gra de. Le ne veu por te un co stu me pa reil à ce lui de son vieil on cle. Quel é tran ge pro cé dé de vou loir dé plai re au bon Dieu pour com plai re à u ne vi le cré a tu re.

L'empire de la vertu l'emporte sur celui du vice. La petite Nina a visité la chaumière du pauvre et a soulagé sa misère. On a brisé l'imposte. Quel étrange procédé de vouloir déplaire au bon Dieu pour complaire à une vile créature. La religieuse exerce la charité. La curieuse se rendra importune.

Le cœur de la pe ti te fai né an te re pré sen te u ne vi gne en fri che. Le ma çon a pra ti qué un œil de bœuf au mur de sa ca ve. La pau vre men dian te se cou che à l'om bre d'un chê ne. Le tu yau de la pom pe a é té rom pu. La mo de ste jeu ne fi lle se ca che pour fai re l'au mô ne.

Il y a là une quantité de fenouil. Le cœur de la petite fainéante représente une vigne en friche. Ecoute le conseil de ta vertueuse mère, ma fille, il te sera salutaire. Le maçon a pratiqué un œil de bœuf au mur de sa cave. Le Sauveur du monde a été crucifié sur le Calvaire. La pauvre mendiante se couche à l'ombre d'un chêne. On aime un cœur simple et candide. Le tuyau de la pompe a été rompu. Le bon Dieu déteste le mensonge. La modeste jeune fille se cache pour faire l'aumône. Le travail procure de l'aisance à la famille. Florence a le visage vermeil.

Angers, imp. Lainé frères.

www.ingramcontent.com/pod-product-compliance
Lightning Source LLC
Chambersburg PA
CBHW060543050426
42451CB00011B/1802